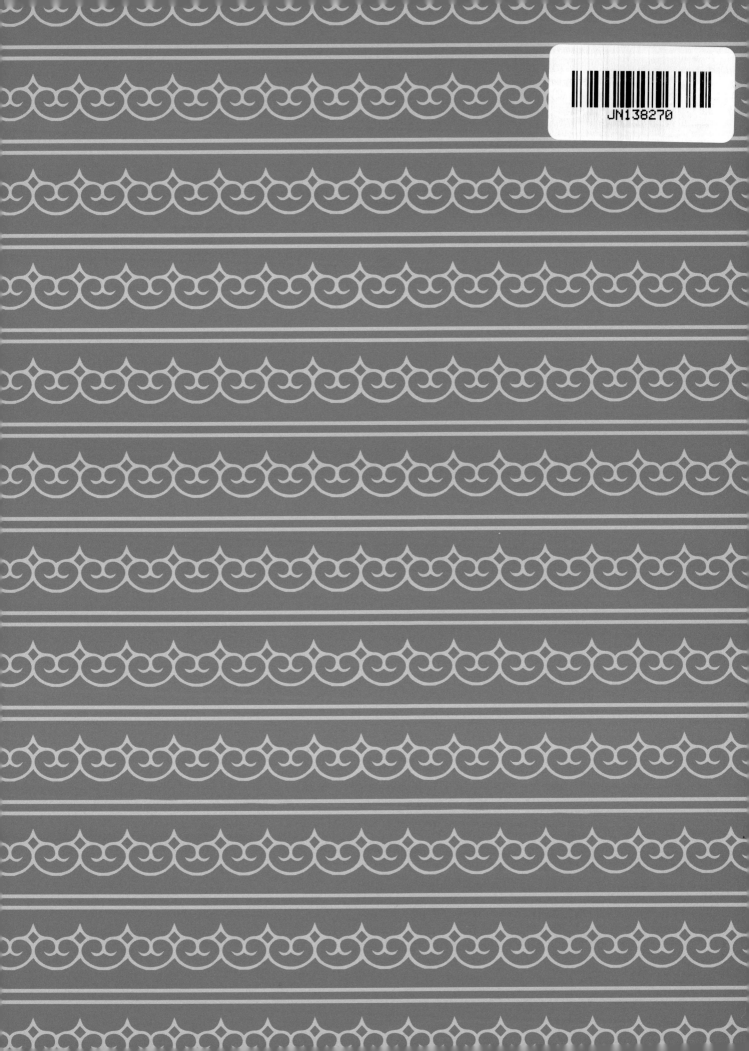

楽しい調べ学習シリーズ

アイヌ文化の大研究

歴史、暮らし、言葉を知ろう

[監修] 中川 裕

PHP

はじめに

　近年、マンガやテレビアニメの影響で、アイヌ民族の言葉や文化に興味を持つ人がふえています。みなさんは、アイヌ民族のことをどのくらい知っていますか？

　アイヌ民族は、古くから北海道や千島列島、サハリン（樺太）南部などに暮らしてきた日本の先住民族です。アイヌ語を話し、固有の文化を育み、独自の歴史を築いてきました。日本には、和人（日本のなかでいちばん数の多い人びとで、せまい意味での「日本人」のことです）だけが暮らしてきたのではありません。

　アイヌの人びとは、長いあいだ差別と偏見に苦しめられてきました。明治時代、政府は北海道を日本の領土に組み入れて、アイヌ民族の生活を保護するという名目で「北海道旧土人保護法」を制定しました。その結果、アイヌの人びとは伝統文化や風習を否定され、和人への同化を強制されました。

「北海道旧土人保護法」が廃止されたのは、今からたった20年ほど前の1997(平成9)年のことです。このとき同時に、「アイヌ文化振興法」が制定されました。この法律は、アイヌの人びとの民族としてのほこりを尊重し、伝統文化の振興を図ることを目的としたものです。2008(平成20)年には、国会で「アイヌ民族を先住民族とすることを求める決議」が採択されて、アイヌの人びとは、ようやく政府から日本の先住民族であることを認められました。

　現在、アイヌの人びとは、北海道を中心に日本全国に住んでいます。この本は、みなさんに、アイヌ民族の歴史や文化を知ってもらうことを目的としています。「衣服」「住まい」「食」「行事」「文学」「音楽」など、いろいろな方向からアイヌ民族を取り上げ、どんな暮らしをしてきたのかを思いえがけるようにくふうしました。

　今はグローバル化が進んで、文化の多様性を認めあうことが大切になっています。この本が、みなさんにとって、アイヌ民族について深く理解するための手助けになることを願っています。

もくじ

アイヌ文化の大研究

はじめに ……………………………………………………………… 2

第1章　アイヌ民族の暮らしを知ろう

今に残るアイヌの地名 ……………………………………………… 8
　地名にこめられた思い

大自然とともに生きた民族 ………………………………………… 10
　アイヌ民族は日本の先住民族／日本全国に暮らすアイヌの人びと

自然を利用した衣服 ………………………………………………… 12
　木の皮でつくるアットゥシ／●アットゥシができるまで／
　動物の毛皮でつくる衣服／交易で手に入れた木綿の衣服／
　いろいろなアイヌ文様／母から娘へ受けつがれるタマサイ

食料はカムイからの恵み …………………………………………… 16
　狩りや漁でえた食料／狩りや漁に使った道具／●大事な食料だったサケ／
　木の実や山菜の採集／さかんだった保存食づくり／●薬に利用した動植物

どんなところに住んでいたの？ …………………………………… 20
　コタンとチセ／住まいはどうなっていたの？／●チセができるまで／
　チセのなかでのしきたり／手づくりの生活用品／●たばこに親しんだアイヌ民族

アイヌ民族の行事にはどんなものがあるの？ …………………… 26
　カムイに感謝して生きる／イオマンテ（クマの霊送り）／
　イオマンテに使われる道具／●復活したイオマンテ／
　結婚式～火の神に幸せを願う／葬式～チセを焼いて死者を送る／
　●おとなのしるし・女性の入れ墨

さかんだった他国との交易 ………………………………………… 30
　交易の相手と品物／交易品のいろいろ／●沈黙交易

コラム①　子どもの名前のつけ方は？ …………………………… 32

第2章 アイヌの文化を知ろう

アイヌ民族の言葉を知ろう　　34
アイヌ語はどんな言語？／いろいろなアイヌ語／
身近にあるアイヌ語／アイヌ語を話してみよう

口伝えで広まったアイヌ文学　　38
アイヌの3つの物語／守られた口承文芸／●アイヌの三大歌人

アイヌ民族の音楽・踊り　　40
祭りや儀式に欠かせない歌・踊り／いろいろな踊り／
●民族同士が交流するチャランケ祭／いろいろな楽器／●現代のアイヌ音楽

アイヌの子どもたちの遊び　　44
どんな遊びをしていたの？／遊びのいろいろ／遊び道具のいろいろ

コラム② アイヌ語の未来はどうなっていくの？　　46

第3章 アイヌ民族の歴史を知ろう

- 北海道に人が住みはじめる ……………………………………… 48
- 土器づくりがはじまる …………………………………………… 49
- 続縄文文化がさかえる／オホーツク文化がさかえる ………… 50
- 擦文文化がさかえる／●エミシはアイヌ民族なの？ ………… 51
- 海をこえて交易を行う／モンゴル軍と戦う …………………… 52
- 和人と戦う(コシャマインの戦い)／渡島半島に松前藩ができる … 53
- 和人と戦う(シャクシャインの戦い)／
  アイヌ民族最後の戦い（クナシリ・メナシの戦い） ………… 54
- 江戸幕府の直接支配がはじまる／●人口が減少したアイヌの人びと … 55
- 明治政府による開拓が進む／●北海道の名づけ親・松浦武四郎 … 56
- 北海道旧土人保護法が制定される／●同化政策って何？ …… 57
- 民族の復権をもとめる運動が起こる／●アイヌの物語を残した少女・知里幸恵 … 58
- 差別や偏見に苦しむ／アイヌ文化振興法と現在のアイヌの人びと … 59

アイヌ民族のことをもっと知りたい人へ 60

さくいん …………………………………… 62

【保護者の方へ】

本書では「ユカㇻ」などのように、アイヌ語の表記に独特の小書き文字（プ、ッ、ク、シ、ム、ラ、リ、ル、レ、ロなど）を使用しています。これは「アコロイタㇰ方式」とよばれる書き方にもとづいたもので、現在の北海道アイヌ協会が1994（平成6）年にアイヌ語学習テキストを刊行する際に使用されて以降、広く定着しました。読むときは、そこで息を止めるか、軽めに発音します。くわしい発音方法は、北海道新聞のウェブサイトに公開されている動画「道新アイヌ語小文字発音講座」をご覧ください（予告なく公開を終了する場合があります）。

https://www.hokkaido-np.co.jp/f_movies/ainugo-kouza/

第1章

アイヌ民族の暮らしを知ろう

今に残るアイヌの地名

北海道には、長万部や忍路など、読み方のむずかしい地名がたくさんあります。これらの地名のほとんどは、昔から北海道に住んでいたアイヌ民族の言葉（アイヌ語）がもとになっています。

地名にこめられた思い

北海道の独特な地名は、あとから北海道に移り住んだ和人（50ページ）が、アイヌ語の地名に発音が近い漢字を当てはめたものです。また、ニセコ町やクッチャロ湖などは、アイヌ語をそのままカタカナであらわしています。

北海道の地名には、「別」や「内」が多く使われています。「別」はアイヌ語で「川」を意味する「ペッ」、「内」は「小さい川や沢」を意味する「ナイ」を漢字にしたものです。アイヌ民族にとって、川は食料をあたえてくれる大切な場所でした。そのため、川ごとに特徴がよくわかる名前をつけていました。たとえば、紋別はアイヌ語地名の「モペッ（しずかな川）」、稚内は「ヤムワッカナイ（冷たい飲み水のある沢）」がもとになっています。

川にかぎらず、アイヌ語の地名にはすべて意味があります。実際に行かなくても、その場所がどんなところなのかがわかるような名前がつけられているのです。

旭川市内にあるアイヌ語の地名表示板
写真提供：旭川市博物館

利尻島
アイヌ語：リシリ
意味：高い島

忍路
アイヌ語：オソロ
意味：入り江（海が陸地に入りこんだところ）

ニセコ（町）
アイヌ語：「ニセイコアンペッ」を省略したもの
意味：絶壁に向かっている川

長万部
アイヌ語：オサマムペッ
意味：河口でカレイのとれる川

第1章 アイヌ民族の暮らしを知ろう

大自然とともに生きた民族

アイヌ民族は、北海道を中心に東北地方北部やサハリン（樺太）南部、千島列島などに暮らしてきた日本の先住民族*です。アイヌ語を話し、和人とはちがう文化や生活習慣を伝えてきました。

*先住民族：ある土地にもとから住んでいて、あとから来た別の民族に土地や資源をうばわれた民族のこと。世界には、オーストラリアのアボリジナル・ピープル、カナダのイヌイットなど、たくさんの先住民族がいます。

アイヌ民族は日本の先住民族

「アイヌ」とは、アイヌ語で「人間」という意味です。アイヌの人びとは、自分たちの住んでいるところを「アイヌモシㇼ（人間の世界）」とよび、アイヌモシㇼのなかで狩りや漁、山菜や木の実の採集、そして、他民族との交易を行って暮らしてきました。

また、アイヌ民族は、人間を取り巻くすべてのものが「カムイ（神）」であると信じていました。火や水、樹木、動物、雷などの自然現象、さらには船や臼、食器といった生活用具もカムイと考えてうやまいました。そして、人間に豊かな恵みをもたらしてくれるカムイに、いつも感謝しながら生きてきたのです。

写真提供：旭川市博物館

写真提供：札幌大学ウレシパクラブ

写真提供：札幌大学ウレシパクラブ

現在も、いろいろな団体がアイヌ文化を広く知らせる活動をしています。

日本全国に暮らすアイヌの人びと

　現在、アイヌの人びとの多くは、和人と変わらない暮らしをしています。2017（平成29）年の調査では、北海道に住むアイヌ民族は約1万3000人です。一方、就職や結婚などのために北海道をはなれた人も多く、今では日本全国に暮らしています。関東周辺だけで約5000人が住んでいるといわれています。

　北海道をはじめ各地には、アイヌの文化を伝え広めることを目的とした、いろいろな団体があります。これらの団体では、歌や踊り、工芸品、料理などを通して、アイヌ民族の存在や文化、歴史などを理解してもらうための活動を行っています。

　アイヌの人びとは、自分たちがアイヌ民族であることにほこりを持って生きているのです。

第1章　アイヌ民族の暮らしを知ろう

自然を利用した衣服

アイヌの人びとは、植物のせんいや動物の毛皮、鳥の羽毛など、自然のなかにあるさまざまな材料を使って衣服をつくりました。それらの衣服には、独特のもようがあしらわれています。

木の皮でつくるアットゥシ

アイヌ民族の代表的な衣服に、アットゥシがあります。これは、北海道に多いオヒョウなどの木の皮のせんいからつくる衣服で、おもにふだん着として着用していました。

アットゥシをつくるのは、女性の大切な仕事でした。

植物を使った衣服には、ほかにイラクサという草のせんいからつくったテタラペなどもありました。

アットゥシ（写真提供：北海道博物館）

❄ アットゥシができるまで ❄

アットゥシづくりは、オヒョウの皮をはぐことからはじまります。

オヒョウは高さが20メートル以上になるニレ科の木で、木の皮をはぐのはとても力のいる仕事でした。はいだ皮は、温泉などにつけてやわらかくしてから細くさき、つなぎあわせながら、一本の糸にしていきます。そうしてできた糸を、女性たちが織機で反物に織り、衣服に仕立てました。1着分をつくるのに、2カ月以上かかったといわれています。

❶木の皮をはぐ

❷糸をつむぐ

❸反物に織る

動物の毛皮でつくる衣服

古い時代には、クマやシカ、タヌキ、ラッコ、アザラシなどの動物の毛皮、アホウドリやエトピリカなどの鳥の羽毛を使って、衣服や帽子、手袋、靴などをつくっていました。動物の毛皮の衣服は暖かく、寒さのきびしい冬に防寒着として着用しました。

また、サケやマス、イトウなど、魚の皮をはぎあわせた衣服もありました。サケの皮でつくった靴はチェプケレといい、冬は保温のため、なかにかれ草などをしきました。おとな用の靴1足をつくるのに、3〜4匹のサケが使われました。

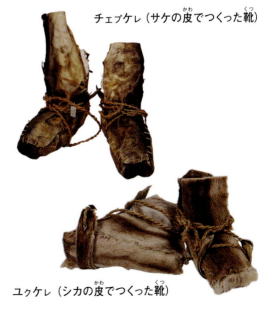
チェプケレ（サケの皮でつくった靴）

ユㇰケレ（シカの皮でつくった靴）

写真提供：平取町立二風谷アイヌ文化博物館

第1章 アイヌ民族の暮らしを知ろう

交易で手に入れた木綿の衣服

大陸や本州との交易によって、木綿の布が手に入るようになると、木綿の衣服がつくられるようになりました。木綿の衣服には、日常着と晴れ着があり、晴れ着には、リボン状に切った布をぬいつける切伏（アップリケ）や刺繍などの方法で、はなやかな文様（もよう）があしらわれました。文様の入れ方によって、チカラカラペ、ルウンペ、カパラミプ、チヂリとよばれる4つの種類があります（地域によってよび名はことなります）。

明治時代以降、アイヌ民族の衣服は着物や洋服が中心になりました。現在では、儀式や祭り、歌や踊りなどを披露するときに、伝統的な衣服を着用しています。

チカラカラペ

木綿の布地に暗い色の布で切伏（アップリケ）した上に、明るい色の糸で文様を刺繍したもの。

ルウンペ

木綿の布地に切伏で文様をえがき、その上に刺繍をほどこしたもの。

カパラミプ

大きな白い布を切りぬいて文様をつくり、それを木綿の布地にぬいつけたもの。

チヂリ

木綿の布地に、刺繍だけで文様をあらわしたもの。

写真提供：北海道博物館

いろいろなアイヌ文様

アイヌ民族の衣服には、独特の文様があしらわれています。アイヌ文様には、モレウ（うず巻き文様）やアイウシ（とげつき文様）などがあり、それらを組み合わせたりして、複雑な文様をあらわしました。

モレウ　　アイウシ

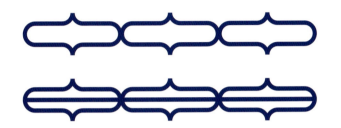 

母から娘へ受けつがれるタマサイ

アイヌ民族の女性たちは、儀式などのとき、頭にはちまきをしめ、耳飾りや首飾りといったアクセサリーを身につけました。首飾りには、レクトゥンペという、首に巻きつけるチョーカーのようなものと、タマサイという玉飾りがあります。タマサイは、大陸や和人との交易で手に入れたガラス玉をつないだもので、母から娘へと受けつがれました。

耳飾りはニンカリといい、金属製の輪に小さな玉がついたピアスのようなもので、男性も子どものころからつけていました。

写真提供：アイヌ民族文化財団

第1章　アイヌ民族の暮らしを知ろう

食料はカムイからの恵み

アイヌの人びとは、狩りや漁、木の実や山菜の採集などで食料をえていました。人びとは、食料をもたらしてくれる自然をたたえ、祈りをささげてきたのです。

狩りや漁でえた食料

アイヌの人びとは、コタンとよばれる村のまわりの野山や海、川で狩りや漁を行い、豊富な食材をえていました。狩猟の対象は、山ではシカやクマ、ウサギ、テン、カモなど、海ではアザラシ、トド、ウミガメ、カジキ、ニシンなどでした。川での漁は、夏のマス漁、秋のサケ漁が中心でしたが、イトウ、ウグイ、シシャモなどもとりました。

人びとは、自然からえる食材をカムイがもたらしてくれる恵みと考え、狩りや漁の前にはかならずカムイに祈りをささげました。そして、必要とする分だけをとり、根こそぎとるようなことはしませんでした。

とった動物の肉や魚は、オハウなどにして食べます。串にさして焼いたりすることもありました。食事は朝と夕の2回でした。

冬眠中のクマを捕らえるようす(平澤屏山『アイヌ熊狩の図』)(市立函館博物館所蔵)

オハウ

魚や動物の肉を山菜などといっしょに煮て、塩と動物や魚の脂で味つけした料理です。シカの肉を食材にしたユㇰオハウや、サケを食材にしたチェプオハウなどがあります。(写真提供:清 絢)

サケ漁のようす(『蝦夷嶋奇観』より)
函館市中央図書館所蔵

狩りや漁に使った道具

狩りや漁には、弓矢ややりを使いました。また、仕掛け弓やわなを使うこともありました。

マキリ（小刀）
樹皮をはいだり、魚をさばいたりといろいろなことに使える小刀で、いつも身につけていました。

ク（弓）とアイ（矢）
矢の先には、トリカブトという植物などの毒をぬりました。

イカヨプ（矢筒）
10〜20本の矢を入れて肩にかけ、狩りのときに持ち歩きました。

キテ（もり）
海でアザラシやクジラなど、大きなえものをとるために使いました。

アマッポ（仕掛け弓）
えものが通りそうな道にひもをはり、そのひもに動物がふれると矢が飛んでくる仕掛けです。人がまちがってひもにふれることがないよう、近くに目印をつけました。

マレク（自在もり）
夏から秋にかけて、産卵のために川をのぼってくるサケやマスをとるのに使いました。

クチャ（狩猟小屋）
狩りや漁のときにつくる仮小屋で、テントのようなものです。

写真提供：平取町立二風谷アイヌ文化博物館
（キテのみ国立民族学博物館）

✻ 大事な食料だったサケ ✻

サケは、アイヌの人びとにとって大切な食料でした。身はもちろん、内臓やヒレまで調理して食べていました。サケが産卵のために川にのぼってくる秋になると、河口付近でサケをむかえる祈りの儀式を行い、1年分のサケをとりました。とったサケは焼いたりオハウにしたりして食べ、残りは内臓をとって干し、サッチェプ（干し魚）にして保存しました。

サッチェプ（写真提供：清絢）

第1章 アイヌ民族の暮らしを知ろう

木の実や山菜の採集

　春から秋にかけて、女性や子どもが中心になって木の実や山菜を採集しました。春にはギョウジャニンニクやフキノトウなど、夏にはオオウバユリやハマナスなど、秋にはクリ、クルミ、ヤマブドウ、キノコ類などをとり、茎や葉、根、実を食用にしました。山菜とりでは、すべてとりつくすようなことはせず、次の年のことを考えて残しておきました。また、家の近くのやわらかい土地をたがやして畑をつくり、ヒエやアワ、キビなどの穀物や豆、ジャガイモなどの野菜も栽培していました。穀物や山菜は、サヨやラタシケプなどにして食べました。

　アイヌ民族の伝統的な料理は、現在も儀式や祭りのときなどにつくられています。

オオウバユリの根をほる女性たち（『明治初期アイヌ風俗図巻』より）
函館市中央図書館所蔵

おもな季節の食材と料理

春　ギョウジャニンニク／フキノトウ／ヨモギ
夏　オオウバユリ／ハマナス
秋　クリ／クルミ／ヤマブドウ／キノコ類

写真提供：PIXTA

サヨ
ヒエやアワなどの穀物の粥で、オハウ（16ページ）を食べたあとに口直しとして食べました。イクラ入りのサヨもありました。

ラタシケプ
山菜や豆、カボチャなどを汁気がなくなるまで煮こみ、つぶして混ぜて、塩と動物や魚の脂で味つけした煮物。

ラタシケプ（写真提供：旭川市博物館）

さかんだった保存食づくり

人びとは採集によってえた山菜や収穫した穀物を、食料が少なくなる冬や飢饉＊にそなえて、プ（食料倉庫、20ページ）に貯蔵しました。たとえば、オオウバユリの球根からとったデンプンやそのしぼりかすを円盤状にかため、干して保存食にしました。また、動物の肉や魚も、天日に干したりくん製にしたりして貯蔵しました。サケを凍らせてルイペとよばれる保存食もつくりました。

＊飢饉：自然災害などによって作物が実らず、食料が不足して飢えに苦しむ人や餓死者が出ること。

土地をたがやす女性たち。昔はシッタプとよばれる道具を使って土をほりかえしていました。

オオウバユリの干しだんご。水でもどしてから食べました。

カボチャでつくっただんご

写真提供：清 絢

薬に利用した動植物

山菜は食用だけでなく、葉や根などを薬としても利用しました。かぜをひいたときには、ギョウジャニンニクの茎や葉をお湯で煮て飲んだり、煮たてた湯気をあびたりしました。オオウバユリの根からとったデンプンは、腹痛の薬としても用いました。クマにおそわれたときには、ウドの根を輪切りにして傷口にはると早く治るとされていました。また、クマの胆のうを干したものを胃腸薬として利用しました。

第1章 アイヌ民族の暮らしを知ろう

どんなところに住んでいたの？

アイヌの人びとは、アイヌ語で「チセ」とよばれる住居に住んでいました。数戸から十数戸のチセで「コタン」とよばれる村をつくり、村長を中心に生活していました。

チセ（家） 約20平方メートルの小さなものから、村長の家のように約100平方メートルの大きなものまでありました。

便所 地面に穴をほって、その上に小屋を建てたもの。左が女性用（メノコル）、右が男性用（オッカヨル）で、形から女性用か男性用かを区別できました。

プ（食料倉庫） 食料をたくわえておくための倉庫です。ネズミなどの侵入をふせぐために、床が高くなっていて、柱にはネズミ返しがつけられていました。使うときだけ、はしごを立てかけました。

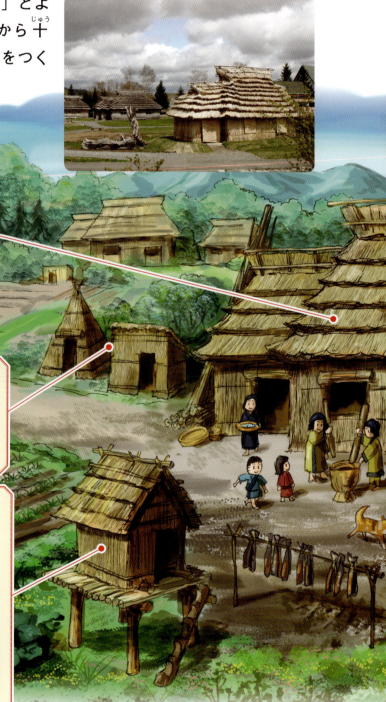

コタンとチセ

　チセは、食料となる魚や飲み水を手に入れやすく、洪水の被害にあいにくい川や河口近くの高台に建てられました。

　アイヌの人びとは、日がのぼる東側や川の上流など、地域ごとに神聖とされる方角を向くようにチセを建て、そのまわりに祭壇や食料倉庫、子グマを飼育するおり、男女別々の便所などをつくりました。

　明治時代以降、チセはしだいに姿を消し、現在チセに暮らしている人はいません。しかし、北海道各地の博物館などでは、復元されたチセを見ることができます。

ヌササン（祭壇）
狩猟の神、水の神、樹木の神などの神々をまつり、祈りをささげる場所で、神聖とされる方角につくられました。

ヘペレセッ（子グマのおり）
狩りで捕獲した子グマを1年か2年のあいだ飼育するおりです。家のなかの主人からよく見える場所につくられました。

写真提供：平取町立二風谷アイヌ文化博物館

第1章　アイヌ民族の暮らしを知ろう

住まいはどうなっていたの？

　チセの内部は長方形の一間で、入り口の近くに、玄関や物置として使われた小さな部屋（モセム）がありました。

　チセのほぼ中央にはアペオイとよばれる炉があり、炉の火で部屋を暖めたり食事をつくったりしました。炉の上には炉棚（トゥナ）がつるされていて、そこにサケなどをおいてくん製にしました。

　窓は3カ所ありましたが、なかでも入り口の正面にある窓は、神が出入りする窓とされ、大切にされていました。左側の奥は宝物置き場（イヨイキリ）で、交易で手に入れたうるし塗りの容器や刀などがかざられ、その上に家の神をまつっていました。

セツ（寝床）
おもに主人夫婦がここで寝ました。

トゥナ（炉棚）
なべをつるすための道具（炉鉤）が下がっていました。

家の神
イナウ（27ページ）の形をした神。

モセム
玄関と物置をかねた土間です。

アペオイ（炉）
炉の火は、たやすことがなく、炉に火があれば、冬でも寒くなかったようです。

ポンプヤラ（小さな窓）
入り口の近くにある窓で、炊事に使ったにごり水を捨てました。夜や寒い季節には窓にすだれを下げました。

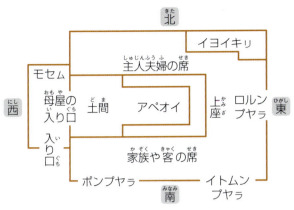

一般的なチセの間取り

イヨイキリ（宝物置き場）

行器（ふたのついたうるし塗りの容器）、鉢、さかずきなどがかざられていました。これらは先祖代々受けつがれるもので、家の宝物として大切にされました。

写真提供：平取町立二風谷アイヌ文化博物館

ロルンプヤラ（神窓）

儀式などのときに使う道具を出し入れした窓。そこから外のヌササン（祭壇）が見えるようになっていて、ここから家のなかをのぞきこんではいけないとされていました。

イトムンプヤラ（まん中の窓）

明かりとりの窓です。

❋❋ チセができるまで ❋❋

チセづくりは、コタンの人びとが協力して行いました。チセを建てる場所を決めると、まず地鎮祭を行って建築の安全を神に祈りました。それから、かたくてくさりにくいハシドイやヤチダモなどの木材で骨組みをつくり、ヨシやササ、木の皮などで屋根やかべをつくりました。くぎは使わずに、シナノキの樹皮でつくった縄などでしばりました。チセが完成すると、新築祝いを行って生活の安全を祈りました。

❶ 屋根を組む

❷ 柱を建てて屋根をのせる

❸ 屋根をふいて、かべをつくる

❹ 炉をつくる

チセのなかでのしきたり

　チセのなかの生活は、炉を中心に営まれました。炉には、アイヌ民族がとくに尊敬する火の神がいて、家族が平和に暮らせるように見守っていると信じられていました。

　家族は炉のまわりに座りますが、座る場所は決まっていて、入り口から炉に向かって左側に主人夫婦が座り、子どもや客は右側に座りました。寝る場所も同じでした。

　また、ロルンプヤㇻ（神窓）と炉のあいだをロルイソ（上座）といい、神が家のなかへ出入りするときに通る道と考えられていました。そのため、ロルイソの炉の近くは、尊敬に値する人しか座ることができませんでした。

手づくりの生活用品

アイヌの人びとは、自然のなかにある材料を使って、生活に必要なさまざまな道具を手づくりしていました。

メノコイタ（まな板）

まな板と皿または盆をかねた道具で、平らな部分をまな板として使いました。

イタ（盆）

アイヌ文様の彫刻がほどこされた、カツラなどの木でできた盆です。現在では北海道の伝統的工芸品になっています。

トマ（ござ）

無地のもの、もようが入るものの2種類あり、無地のトマは、おもにしきものとして使いました。もよう入りのトマは、儀式のときや、イタオマチプ（海用の舟、30ページ）の帆として利用しました。

サラニプ（背負いぶくろ）

シナノキの皮を編んでつくるふくろで、狩りや漁の道具、弁当などを入れて持ち運びました。採集した木の実を運んだり、収穫した農作物を保存したりしました。

タリペ

タラ（背負い縄）

長さが4メートルくらいの編みひもです。縄に荷物をしばりつけ、タリペとよばれる幅の広い部分を額にかけて背負いました。山中で突然クマに出あったときは、頭をふって荷物を後ろに落としてにげることができました。

✻ たばこに親しんだアイヌ民族 ✻

アイヌの人びとが手づくりした道具のひとつに喫煙具があります。キセル（たばこをすうための道具）、キセル差し、たばこ入れです。たばこは、アイヌ民族のおとなのあいだで昔から親しまれていました。また、病気の神はたばこを好むと考えられていて、病気が流行すると、病気の神にたばこをそなえて、村から立ちさってくれるように祈ったといいます。

写真提供：平取町立二風谷アイヌ文化博物館

第1章 アイヌ民族の暮らしを知ろう

アイヌ民族の行事にはどんなものがあるの?

「冠婚葬祭」という言葉があるように、人びとの暮らしには、行事や祝い事が欠かせません。アイヌ民族のあいだで行われる行事には、どのようなものがあるのでしょうか?

カムイに感謝して生きる

アイヌ民族は、人間に多くの恵みをもたらしてくれる動物を、カムイ(神)としてうやまいました。カムイは、クマやキツネ、リスなどの動物の姿でアイヌモシリ(人間の世界)にやってきて、肉や毛皮をあたえてくれると考えられていたのです。

動物の肉を食べ、毛皮を手に入れることは、その動物の命をうばうことを意味します。アイヌ民族のあいだ

イオマンテのようす(『蝦夷嶋奇観』より)(函館市中央図書館所蔵)

では、大切な命をいただくかわりに、感謝の祈りとともに、おみやげを持たせてカムイモシリ(神がみの世界)へ送り返すと、神はふたたび肉や毛皮を持ってあらわれると信じられていました。

イオマンテ(クマの霊送り)

カムイをカムイモシリへ送り返す儀式のなかで、もっとも重要で盛大に行われたのがクマの霊送りで、「イオマンテ」とよばれています。これは、冬から春先にかけて猟で捕獲した子グマを1〜2年ほど大切に育てたあと、その霊をカムイモシリへ送り返す儀式です。儀式では、神が喜ぶとされるイナウや酒、たばこ、だんごなどを祭壇にそなえて神に感謝の祈りをささげ、村人総出で歌い、踊り、旅立ちを見送りました。

クマのほかに、シマフクロウやオオカミ、シャチなどの霊送りもありました。

再現されたイオマンテのようす
写真提供：須藤 功

◗◗◗ イオマンテに使われる道具

　イオマンテなどの儀式には、イナウやイクパスイなど、神に祈りをささげるための道具が用いられます。

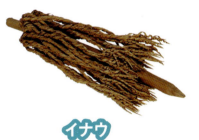

イナウ

ヤナギやミズキなどの木をうすくけずってつくります。カムイへのおくりものとされています。

イクパスイ と **トゥキ**

カムイに酒をささげ、人間の言葉を伝えるための道具。左手に酒を入れたトゥキ（うるし塗りのさかずき）、右手にイクパスイを持ち、イクパスイの先に酒をつけて祈りの言葉をささげました。

花矢

イオマンテのとき、子どもたちが縄につながれた子グマに向かって射る儀式用の矢で、ささりにくいように加工されています。

写真提供：平取町立二風谷アイヌ文化博物館
（花矢のみアイヌ民族文化財団）

✲✲ 復活したイオマンテ ✲✲

　明治時代以降、アイヌ民族は伝統的な文化・風習を禁止され（57ページ）、イオマンテなどの儀式もできなくなってしまいました。しかし、1970年代になると伝統的な儀式の復興がさけばれ、アイヌの文化が受けつがれている平取町や白老町、旭川市でイオマンテが復活しました。ついで弟子屈町の屈斜路湖畔でシマフクロウの霊送りも行われました。
　2007（平成19）年には、野蛮だとして禁じられていたイオマンテが、「動物を使った正式な儀式」として認められました。

第1章　アイヌ民族の暮らしを知ろう

結婚式～火の神に幸せを願う

アイヌ民族のあいだでは、男性は18歳くらい、女性は16歳くらいをめやすに結婚しました。かつて男性は、好きな女性に求愛のしるしとしてメノコマキリ（女性用の小刀）をつくり、さやに彫刻をほどこしておくりました。彫刻ができるということは、生活に必要な道具をつくる技術を身につけているということです。メノコマキリを女性が腰に下げれば、求愛を受け入れたことになりました。

一方、女性は、手甲や脚はん＊などに美しい刺繍をして男性へおくりました。刺繍が上手にできることは、一人前の女性として仕事ができることをしめしていました。

結婚の儀式は、男性の家で火の神に二人の幸せを願うというものでした。新婚夫婦は、男性の家の近くに建てられた新居で暮らしました。

＊手甲：布などでできていて、手の甲や手首をおおって保護する。
脚はん：布や動物の皮などでできていて、足のすねにつけて保護する。寒さをしのいだり、動きやすくする意味もある。

結婚式のようす（再現）
写真提供：平取町立二風谷アイヌ文化博物館

葬式〜チセを焼いて死者を送る

　人が亡くなると、その人の家でとむらいの儀式を行ったのち、死者に死装束（死者が身につける衣装）を着せて埋葬しました。ひとつの墓に一人を埋葬するのがふつうで、家族や夫婦をいっしょに埋葬することはありませんでした。墓標*の形は地域によってちがいました。

　アイヌ民族のあいだでは、亡くなった人はポクナモシリとよばれる死後の世界で、この世と同じようにコタン（村）をつくって平和に暮らしていると考えられていました。そのため、ポクナモシリで使えるようにと、亡くなった人のチセ（家）や家具、衣服などを燃やしたり傷をつけたりして送るという風習がありました。また、今は墓参りを行いますが、かつては墓参りの習慣がありませんでした。かわりに、イオマンテなどの儀式を行うとき、あわせて先祖を供養する儀式を行っていました。

*墓標：墓石などのように、お墓の位置を知らせるためのしるし。

日高地方の墓標。この地方では、男性の墓（左）は先がとがったやり先の形、女性の墓（右）は先が丸いぬい針の頭の部分の形をしています。

「北海道沙流川アイヌ風俗写真」（ニール・ゴードン・マンロー撮影／国立歴史民俗博物館所蔵）

✲✲ おとなのしるし・女性の入れ墨 ✲✲

　アイヌの女性は、成長すると、口のまわりや手の甲などに入れ墨をしました。入れ墨をする理由については、はっきりわかっていません。しかし、入れ墨をしていないと一人前の女性として認めてもらえず、結婚することができませんでした。この風習は、明治時代まで続けられました。

　一方、男性は一人前として認められると、長くひげをのばしました。

第1章　アイヌ民族の暮らしを知ろう

さかんだった他国との交易

かつてアイヌ民族は、和人や外国人と活発に交易を行っていました。どんな国ぐにと、何をやり取りしていたのでしょうか？

交易の相手と品物

アイヌの人びとは、イタオマチプとよばれる舟で海をわたり、さかんに交易を行っていました。イタオマチプに狩りや漁でえたサケやニシン、コンブ、動物の毛皮、タカの羽などをつんで、各地に出かけました。交易の相手は、東北地方北部の和人や、中国東北部に住む少数民族の山丹人などでした。

和人との交易では米や塩、木綿、たばこ、鉄製品、漆器などと、山丹人との交易では絹織物やガラス玉などと交換しました。しかし、17世紀になると、松前藩の侍たちがおもな交易の相手になり、やがて、自由な交易ができなくなっていきました（53ページ）。

イタオマチプに乗って交易をするアイヌの人びと（『蝦夷嶋図説』より）

函館市中央図書館所蔵

イタオマチプは、アイヌ民族独特の技術でつくられた全長13〜15メートルの舟。

写真提供：旭川市博物館

交易品のいろいろ

蝦夷錦

山丹人との交易で手に入れた高価な絹織物で、もともとは中国（清）の役人の制服でした。松前藩経由で江戸や京都に運ばれると、蝦夷錦とよばれて重宝されました。

写真提供：市立函館博物館

陣羽織

アイヌの人びとが和人との交易で手に入れた武士の衣服で、儀式などのときに着用しました。

写真提供：アイヌ民族文化財団

漆器

和人との交易で手に入れたうるし塗りの器です。

写真提供：中川 裕

沈黙交易

14世紀ごろ、アイヌの人びとは、アムール川下流域やサハリン（樺太）に住む人びととも交易を行っていました。その交易は、小屋にアイヌの人びとがオコジョなどの毛皮を入れておき、そこへ相手が中国の産物を持ってやってきて、毛皮と交換するというものでした。このように、たがいに会うことがない交易を沈黙交易とよびます。

第1章 アイヌ民族の暮らしを知ろう

コラム❶

子どもの名前のつけ方は？

アイヌの社会では、子どもが生まれてもすぐには名前をつけませんでした。しばらくのあいだは「ポナヤイ（赤ん坊）」などとよび、6～7歳になって、子どもに個性があらわれたころに正式な名前をつけました。その子の性格や、こういう子どもに育ってほしいという親の願い、身のまわりで起こったできごとにちなんだ名前がつけられました。あまりいい名前をつけると、名前の力に負けて早死にするといわれました。

また、体の弱い子には、わざときたない名前をつけることもあったようです。それは、カムイ（神）に気にいられると、「カムイモシㇼ（神がみの世界）」に連れて行かれてしまう、つまり、命をとられてしまうと信じられていたためです。カムイはきたないものがきらいなので、わざときたない言葉で名前をつけて、カムイが近づかないようにしたのです。

第2章
アイヌの文化を知ろう

アイヌ民族の言葉を知ろう

アイヌ語は、古くから北海道やサハリン（樺太）南部、千島列島、東北地方北部で話されてきた言葉です。ここでは、わたしたちに身近なものの名前をアイヌ語で紹介します。

アイヌ語はどんな言語？

アイヌ語は、日本語とはまったく別の言語です。アイヌ語を表記するのには、ローマ字やカタカナが用いられます。カタカナで書かれたアイヌ語を見ると、たとえば「言葉」を意味する「イタㇰ（itak）」のように、小さいカタカナであらわされる文字があります。これは、日本語ではほとんどの言葉が母音で終わるのに対して、アイヌ語は最後が子音で終わる単語があるためです。小さいカタカナを読むときは、そこで息を止めるか、軽めに発音します。

アイヌ語にも方言があり、北海道のなかでも地域によって多少のちがいがあります。

いろいろなアイヌ語 （ここでは、北海道沙流地方の方言を紹介します）

家族に関する言葉　　チセコロウタラ（家族）

エカシ（おじいさん）

ミチ（お父さん）

ユポ（兄）　**サポ**（姉）

フチ（おばあさん）

ハポ（お母さん）

アㇰ（弟）　**マタパ**（兄から見た妹）　**マタㇰ**（姉から見た妹）

イリワㇰ（兄弟・姉妹）

＊動物の成長段階や種類によって名前が変わるものがあります。

動物の名前

- キムンカムイ（クマ）
- チロンヌプ（キツネ）
- ユク（シカ）
- イセポ（ウサギ）
- セタ（イヌ）
- モユク（タヌキ）
- ウンマ（ウマ）
- サロルンチカプ（ツル）
- タンヌ（イルカ）
- フンペ（クジラ）

時間や季節に関する言葉

- ヌマン（昨日） / クンネイワ（朝）
- タント（今日） / トカプ（昼）
- ニサッタ（明日） / アンチカラ（夜）

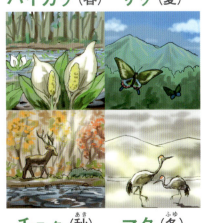

- パイカラ（春）
- サク（夏）
- チュク（秋）
- マタ（冬）

第2章 アイヌの文化を知ろう

あいさつの言葉

イランカラプテ（こんにちは）

スイ ウヌカラアン ロ（また会おう）

イヤイライケレ（ありがとう）

アプンノ オカ ヤン（さようなら：家にいる人に）

アプンノ パイェ ヤン（さようなら：出ていく人に）

数え方

 シネプ（1個）
 トゥプ（2個）
 レプ（3個）
 イネプ（4個）
 アシクネプ（5個）

 イワンペ（6個）
 アラワンペ（7個）
 トゥペサンペ（8個）
 シネペサンペ（9個）

 ワンペ（10個）

そのほかの言葉

 ポロ（大きい）
 ポン（小さい）
 タンネ（長い）
 タクネ（短い）
 ピリカ（よい）
 ウェン（悪い）

身近にあるアイヌ語

わたしたちは日常生活のなかで、いろいろなアイヌ語にふれています。たとえば、動物のラッコやトナカイ、鳥のエトピリカ、魚介類のシシャモ、コンブなどは、どれもアイヌ語から日本語に取り入れられた言葉です。また、ファッション雑誌の『non-no』は、花という意味のアイヌ語に由来します。8～9ページで紹介している北海道の地名のほかにも、日常生活にとけこんでいるアイヌ語はたくさんあるのです。

アイヌ語を話してみよう

アイヌ語の語順は日本語と同じで、主語・目的語・動詞の順に単語が並びます。ただし、日本語では「わたしが」や「あなたに」などを言わないことがよくありますが、アイヌ語では英語のIやyouのようにかならず言わなければなりません。

また、アイヌ語には、日本語の「が」や「を」にあたる言葉はなく、「ネコ・魚・食べた」のように、主語や目的語は動詞の前に並べるだけです。

タンペ これ（は）　**ヘマンタ** 何　**アン？** ですか？

フナクン どこへ　**エアラパ？** あなた（は）行くの？

タンペ これ（は）　**トペンペ** お菓子　**ネ。** です

サッポロ 札幌　**オルン** へ　**カラパ。** わたし（は）行きます

チカプ 鳥（が）　**チェプ** 魚（を）　**コイキ** 捕まえ　**コロ** て　**アン。** いる

口伝えで広まったアイヌ文学

アイヌの社会には、一般的には言葉を文字で書きあらわす習慣がありませんでした。親から子、孫へと口伝え（口承）で伝えてきたのです。長いあいだ語りつがれてきた物語は、口承文芸とよばれるもののひとつです。

アイヌの3つの物語

物語には、大きく分けて「ユカㇻ（英雄叙事詩：英雄の物語）」「カムイユカㇻ（神謡：神様の物語）」「ウエペケㇾ（散文説話：人間の物語）」の3つがあります。

ユカㇻは、超人的な能力を持った少年の冒険をえがいた物語です。語り手は、レプニとよばれる棒で炉のふちをたたいて拍子をとりながら、節をつけて語ります。語り終えるのに数日かかる長い物語もあります。

カムイユカㇻは、カムイ（神）が自分の体験を、節をつけて語る物語です。それぞれの話ごとに決まっているくり返し言葉があり、それをはさみながら語ります。

ウエペケㇾは、節をつけずに語ります。主人公がさまざまな苦難をのりこえ、最後には幸せになるという話が多く、自然のなかで生きていくための知恵や心がけがもりこまれています。

カムイユカㇻの例（抜粋） 梟の神の自ら歌った謡「銀の滴降る降るまわりに」

"Shirokanipe ranran pishkan, konkanipe ranran pishkan." arian rekpo chiki kane petesoro sapash aine, ainukotan enkashike chikush kor shichorpokun inkarash ko teeta wenkur tane nishpa ne, teeta nishpa tane wenkur ne kotom shiran.
Atuiteksam ta ainuhekattar akshinotponku akshinotponai euweshinot korokai.
"Shirokanipe ranran pishkan, konkanipe ranran pishkan." arian rekpo chiki kane hekachiutar enkashike chikush awa, unchorpoke ehoyuppa

「銀の滴降る降るまわりに，金の滴降る降るまわりに.」という歌を私は歌いながら
流に沿って下り，人間の村の上を
通りながら下を眺めると
昔の貧乏人が今お金持になっていて，昔のお金持が
今の貧乏人になっている様です．
海辺に人間の子供たちがおもちゃの小弓に
おもちゃの小矢をもってあそんで居ります．
「銀の滴降る降るまわりに
金の滴降る降るまわりに.」という歌を
歌いながら子供等の上を
通りますと，（子供等は）私の下を走りながら（以下略）

（知里幸恵編訳『アイヌ神謡集』［岩波文庫］より抜粋）

守られた口承文芸

明治時代以降、日本政府の同化政策（57ページ）のもとでアイヌ語を話す機会が減少すると、口承文芸は途絶えかけました。

そうしたなか、アイヌの少女・知里幸恵が、カムイユカㇻをローマ字であらわした『アイヌ神謡集』を出版しました。幸恵が若くして亡くなると、伯母の金成マツがその遺志をついでユカㇻなどをローマ字で書き残しました。その一部は、言語学者の金田一京助らによって翻訳が行われ、『ユーカラ集』として出版されています。

また、萱野茂は昔のことを知っている数多くのお年よりの話を録音し、『萱野茂のアイヌ神話集成』など、多くの著書をあらわしました。

こうした人びとの努力によって、アイヌ民族の口承文芸は現在に残されたのです。

写真提供：銀のしずく記念館　　写真提供：三省堂

✾ アイヌの三大歌人 ✾

大正時代の末から昭和時代のはじめにかけて、違星北斗、バチェラー八重子、森竹竹市の3人が、アイヌ民族の思いを短歌や詩につづりました。この3人はアイヌの三大歌人といわれています。

違星北斗
（1902～1929）
貧困や差別などに苦しむアイヌ民族の社会的地位向上のために活動し、その思いを短歌にして新聞や雑誌に発表しました。
『違星北斗遺稿　コタン』

バチェラー八重子
（1884～1962）
アイヌの研究家だったイギリス人宣教師ジョン・バチェラーの養女となり、アイヌ民族を思う悲しみを短歌につづりました。
『若き同族(ウタリ)に』

森竹竹市
（1902～1976）
幼くして父親を亡くし、漁場で働きながら勉強をして鉄道員になりました。アイヌ民族としてのほこりと復権を短歌や詩につづりました。
『若きアイヌの詩集・原始林』

第2章　アイヌの文化を知ろう

アイヌ民族の音楽・踊り

アイヌの人びとは、儀式や祭りなどの場で、歌ったり踊ったりして、カムイ（神）へ感謝の気持ちを表現したり、仲間と喜びや悲しみを分かちあったりしました。

))) 祭りや儀式に欠かせない歌・踊り

祭りや儀式のときに欠かせない歌や踊りには、「ウポポ」や「リムセ」があります。

ウポポは、女性たちが輪になって座り、中央におかれたシントコ（行器：ふたのついたうるし塗りの容器）のふたをたたいて拍子をとりながら歌うものです。いくつかの歌い方がありますが、多くの地域では輪唱で歌います。リムセは地域よってはホリッパともいい、歌に乗せて踊ります。ほとんどは女性によって行われますが、「エムシリムセ（剣の舞）」や「クリムセ（弓の舞）」のように、男性が踊るものもあります。

アイヌの人びとに受けつがれてきた歌や踊りは、祭りや文化祭、イベントなどで披露されています。また、国の重要無形民俗文化財に指定されているほか、国連教育科学文化機関（UNESCO）の無形文化遺産にも登録されています。

いろいろな踊り

イオマンテリムセ（クマの霊送りの踊り）

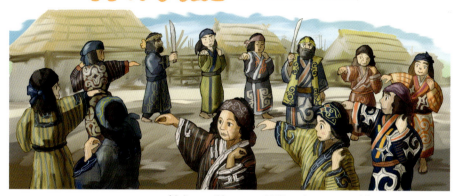

イオマンテ（26ページ）に参加した人びとが大勢で輪になって踊ります。

サロルンチカプリムセ（ツルの舞）

エムシリムセ（剣の舞）

サロルンチカプはアイヌ語でツルのことです（35ページ）。上着のすそを持ち上げて、ツルが羽ばたくようなしぐさをして踊ります。

エムシはアイヌ語で刀のことです。二人の男性が勇ましいかけ声をかけながら刀をふりあげ、ときにはげしくぶつけあいながら踊ります。悪い神を追いはらう意味があります。

✲✲ 民族同士が交流するチャランケ祭 ✲✲

「チャランケ」とは、アイヌ語で「意見を言う」という意味です。アイヌの人と沖縄の人が東京で出会ったことをきっかけに、1994（平成6）年から毎年秋に、東京都中野区で祭りが開催されています。日本に住む異なる民族が、おたがいの歴史や文化を理解することを目的として、音楽や踊りによる交流を図っています。

写真提供：チャランケ祭実行委員会

いろいろな楽器

アイヌ民族の代表的な楽器に、トンコリとムックリがあります。

トンコリは、エゾマツやホオノキなどでつくる木製の弦楽器で、おもにサハリン(樺太)のアイヌの人びとに演奏されています。弦は5本のものが多いので五弦琴とよばれますが、3本や6本のものもあります。

ムックリは竹をうすくけずってつくる楽器です。口琴ともよばれ、同じような楽器が世界中で見られます。雨や風の音、子グマが親グマをよぶ声などを表現します。いとしい人に思いを伝えるために使われたこともありました。

このほかに、神と交信をするときに使われるカチョとよばれる太鼓などもあります。

トンコリ（弦楽器）

長さ1メートルくらいです。かかえるようにして持ち、両手の指で弦をはじいて演奏します。弦にはイラクサのせんいでつくる糸や、シカやトナカイなど動物のアキレスけんも使われました。

写真提供：チカルスタジオ

ムックリ（口琴）

写真提供：アイヌ民族文化財団

長さは10〜15センチメートルくらいです。口にあて、弁（中央に入れた切れこみ）につけたひもを引いて弁を振動させ、その振動を口のなかの空気に伝えて音を出します。糸を引く力加減や、口を広げたりすぼめたりすることで音色が変わります。

カチョ（太鼓）

おもて　　うら

木製の枠の片面にトナカイやアザラシなどの皮をはった太鼓で、木製のバチでたたいて音を出します。

写真提供：国立民族学博物館

❈❈ 現代のアイヌ音楽 ❈❈

近年、若い世代の人たちが、アイヌ民族の音楽を発信しています。

そのひとつ、アイヌの女性ボーカルグループMAREWREW（アイヌ語でチョウという意味）は、ウポポ（40ページ）を伝え広めることをテーマに活動しています。

伝統楽器トンコリの奏者のOKIさんは、ライブ活動を通して、アイヌ音楽の魅力を国内だけでなく海外にも広めています。

また、アイヌの若者たちによるパフォーマンスグループ「アイヌレブルズ」の元ボーカル酒井美直さんは、音楽ユニットIMERUAT（アイヌ語で稲妻が光るという意味）を結成して活動を続けています。

MAREWREW
写真提供：チカルスタジオ

OKI
写真提供：チカルスタジオ

IMERUAT
写真提供：IMERUAT

第2章　アイヌの文化を知ろう

アイヌの子どもたちの遊び

アイヌの子どもたちは、野山や川、海で、かけっこをしたり泳いだりして遊びました。道具を使った遊びでは、生きていくために必要な技術を身につけました。

どんな遊びをしていたの？

アイヌの子どもたちは、和人の子どもと同じようにかくれんぼや鬼ごっこ、縄とびなどをして遊びました。冬には、雪すべりや雪合戦も楽しみました。

アイヌ民族固有の遊びには、魚突きの遊びであるシリカプカチュや、弓矢遊びのクエシノッなど、狩りや漁の練習になるような実践的な遊びがたくさんあります。遊び道具は、自然のなかにあるものを利用して、子どもたちが手づくりしました。

一方、女の子は、砂浜やアペオイ（炉）にモレウ（うず巻き文様）やアイウシ（とげつき文様）などをえがいて、アイヌ文様をおぼえるなどしました。

ほかに、ウコニアシとよばれる陣取りゲームなどがあります。

遊びのいろいろ

シリカプカチュ（カジキ突き遊び）

カジキににせてつくったアシのたばを長い縄につけ、それを一人が引っぱって走り、別の子どもが追いかけて先のとがった棒で突きさす遊びです。

クエシノッ（弓矢遊び）

子ども用のク（弓）とアイ（矢）で、木の枝にぶら下げた標的を射る遊びです。

ウコカリプチュイ（投げ輪突き）

カリプ（ブドウやサルナシのつるなどでつくった輪）を空中に投げて、それを棒で受ける遊びです。

ウコニアシ（陣取りゲーム）

「田」のような線をえがき、線が交わるところに二人が3本ずつ棒をさして対戦するゲームです。交互に1回ずつ棒を動かし、相手の陣地に棒を先に3本とも並べたほうが勝ちになります。

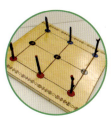

写真提供：帯広百年記念館

遊び道具のいろいろ

セイピラッカ（貝のげた）

ホッキ貝の貝がらに穴をあけて縄を通した遊具です。貝の上に足をのせ、両手に持った縄を動かしながら歩いたり走ったりしました。

写真提供：平取町立二風谷アイヌ文化博物館

チレクテトプ（笛）

乾燥させたイタドリの茎をななめに切ってつくる、かんたんな笛です。

写真提供：
千歳市立末広小学校

コラム❷
アイヌ語の未来はどうなっていくの？

江戸時代まで、アイヌの人びとはアイヌ語を使って生活していました。しかし、明治時代に同化政策（57ページ）がとられると、おとなたちは日本語を話すことを強要され、子どもたちへの教育も日本語で行われました。また、いわれのない差別からのがれるために、アイヌ語を話さなくなった人たちもいます。そのため、アイヌ語を話す機会は激減し、アイヌ民族なのにアイヌ語を話すことができない人がたくさん出てきました。

現在では、自分たちの言葉をとりもどそうとする動きが活発になり、各地でアイヌ語の学習教室や、アイヌ語を復興させるための事業が行われています。アイヌ文化とともにアイヌ語を教える大学もふえ、アイヌ語のラジオ講座の放送も行われています。

こうした努力の結果、最近では若い世代のなかにもアイヌ語がわかる人や、アイヌ語を少しなら話せるという人が多くなってきています。

学生たちにアイヌ語を教えるようす
写真提供：札幌大学ウレシパクラブ

アイヌ語が語源になった地名をめぐるツアーのようす
写真提供：旭川市博物館

第3章

アイヌ民族の歴史を知ろう

ここでは、北海道を中心に
アイヌ民族の歴史を紹介します。

年代	北海道	本州
3万年前	旧石器時代	旧石器時代

北海道に人が住みはじめる

現在の北海道にあたる場所に人が住みはじめたのは、今から約3万年前のこととされています。当時の日本列島は、大陸やサハリン（樺太）と陸続きで、マンモスやヘラジカなどが大陸から移動し、それを追いかけて人びとも北海道へやってきたと考えられています。

この時代を旧石器時代とよびます。人びとは、「細石刃」とよばれる石器をつくり、動物の骨や角でつくったやりの先にうめこんで使っていました。このような石器を「組み合わせ道具」といいます。

およそ1万2000年前に、北海道は今のような島になりました。気候の温暖化が進み、氷がとけて海面が上昇したためです。そのころになると、マンモスやナウマンゾウなどがほろんだりしていなくなり、人びとはシカなどをとって暮らすようになりました。

約3万年前の日本

…現在の地形
…当時の地形

出典：国立科学博物館「3万年前の航海 徹底再現プロジェクト」

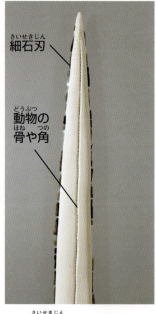

細石刃

動物の骨や角

細石刃をうめこんだ
「組み合わせ道具」

写真提供：今金町教育委員会

土器づくりがはじまる

年代	北海道	本州
1万2000年前		縄文時代
1万1000年前	縄文時代	

　1万2000年ほど前から、現在の九州や関東地方にあたる場所に住んでいた人びとは、表面に縄目文様のある縄文土器をつくるようになりました。この文化を縄文文化、この時代を縄文時代といいます。

　一方、北海道では、1万1000年ほど前に縄文時代がはじまったとされています。

　縄文時代の人びとは、地面に穴を掘ってつくった竪穴住居に住み、弓矢でシカやクマなどを狩り、サケやマスなどの漁を行いました。また、ドングリやトチの実などを採集し、土器で煮るなどして食べていました。縄文時代の代表的な遺跡・三内丸山遺跡（青森県）からは、北海道から運ばれた黒曜石などが見つかっています。このことから、縄文人は、海をこえて交易を行っていたことがわかっています。

　縄文人のうち、日本列島の北部に住んでいた人たちは、アイヌ民族の祖先だと考えられています。

北海道で出土した縄文土器

写真提供：旭川市博物館

三内丸山遺跡（青森県）で出土した北海道の黒曜石

写真提供：三内丸山遺跡縄文時遊館

第3章　アイヌ民族の歴史を知ろう

年代	北海道	本州
紀元前4世紀	続縄文時代	弥生時代
4世紀		古墳時代
5世紀	オホーツク文化の時代	
6世紀		

続縄文文化がさかえる

　紀元前4世紀ごろ、大陸から九州北部に移り住んだ人びとによって、稲作と鉄器や青銅器などの金属器が伝えられ、しだいに東日本へ広がりました。このころの文化を弥生文化、この時代を弥生時代とよびます。弥生人は、現地の縄文人とまじりあいながら、和人*の祖先となりました。

　同じころの北海道には、金属器は伝わりましたが、寒い土地に不向きな稲作は入ってきませんでした。人びとは、縄文時代からの狩りや漁、採集による生活、縄文土器の使用を続けました。この文化を縄文文化から続く文化ということで続縄文文化、この時代を続縄文時代とよびます。続縄文時代は6～7世紀ごろまで続きました。

*和人：日本のなかでもっとも人数の多い人びと（日本人）のこと。松前藩（53ページ）がアイヌ民族と区別するため、「和人」という言葉を使いはじめた。アイヌの人びとは、和人を「シサム（隣人という意味）」とよんだ。

オホーツク文化がさかえる

　5～6世紀ごろ、サハリン（樺太）から北海道に、アザラシなどの海獣の猟を行い、ブタなどを飼育する人びとが移住してきました。かれらは、オホーツク海沿岸に集落をつくり、六角形または五角形の竪穴住居に住み、オホーツク式土器とよばれる口の広い土器をつくりました。住居のなかには、クマの頭の骨をつみあげていました。このため、クマに対する信仰があったと考えられています。

　この文化をオホーツク文化とよび、9世紀ごろまで続きました。

オホーツク式土器（写真提供：北見市教育委員会）

擦文文化がさかえる

7世紀ごろの北海道では、本州から入ってきた土師器（素焼きの土器）の影響を受け、表面にヘラですったもようのある土器がつくられるようになりました。この土器を擦文土器といい、擦文土器を使う文化を擦文文化、その時代を擦文時代とよびます。

この時代の人びとは、サケやマスがとれる川の近くに集落をつくりました。炉のついた竪穴住居に住み、狩りや漁、採集のほか、アワやキビ、ムギなどの穀物の栽培も行いました。機織りの技術を持ち、布製の衣服を着るようになりました。また、本州の和人との交易によって、鉄の道具を手に入れると、それまで使っていた石器を使わなくなりました。

擦文文化は、オホーツク文化と共存しながら13世紀ごろまで続きました。

擦文土器
写真提供：北海道博物館

年代	北海道	本州
7世紀	擦文時代	飛鳥時代
8世紀		奈良時代
9世紀		平安時代

✾✾ エミシはアイヌ民族なの？ ✾✾

古代、和人の指導者たちは、ヤマト政権*1の支配にしたがおうとしない東北地方の人びとを「エミシ（蝦夷）」とよびました。後の朝廷は、エミシを武力でしたがわせようとたびたび大軍を送り、エミシの人びとのはげしい抵抗にあいました。8世紀末に朝廷は、エミシの軍を率いていたアテルイのいる胆沢（現在の岩手県奥州市）を攻撃しましたが、敗北しました。そこで、坂上田村麻呂を征夷大将軍*2に任命して大軍を派遣し、アテルイを降伏させました。その後、朝廷の支配は東北地方にも広がりました。

東北地方のエミシが多く住んでいたと考えられる地域には、アイヌ語の地名がたくさん残されています。このことから、エミシのなかにはアイヌ民族の祖先が多数ふくまれていた、と考えられています。

*1 ヤマト政権：4世紀ごろ、大王（後の天皇）を中心に近畿地方の豪族が連合して成立した政権のかたち。
*2 征夷大将軍：朝廷が、エミシを征服するために臨時に任命した将軍。のちに、武家の棟梁をあらわすようになる。

アテルイとされる
悪路王の首像
写真提供：鹿島神宮

第3章 アイヌ民族の歴史を知ろう

年代	北海道	本州
13世紀	アイヌ文化の時代	鎌倉時代
14世紀		室町時代

海をこえて交易を行う

本州では鎌倉時代にあたる13世紀ごろ、擦文時代が終わり、北海道に新しい文化が形づくられました。住居は、それまでの竪穴住居から平地住居（チセ）に変わり、土器を使わなくなりました。この文化の担い手が、アイヌ民族です。

『蝦夷嶋図説』（函館市中央図書館所蔵）

アイヌ民族は、交易を活発に行っていました。海をこえて東北地方の北部に出かけ、サケやコンブ、動物の毛皮などを米や木綿、鉄製品などと交換しました。さらに、サハリン（樺太）からアムール川をのぼって中国の東北部や、カムチャツカ半島、アリューシャン列島にも出かけました。

このころ、津軽半島の十三湊（現在の青森県五所川原市）が交易都市としてさかえていました。この地を本拠地とする豪族の安藤氏*は、アイヌの人びととの交易で大きな富を手に入れました。しかし、15世紀のなかごろ、南部氏との戦いにやぶれて北海道にのがれました。

*安藤氏：鎌倉幕府の執権である北条氏の家臣。罪をおかした人を、北海道に島流しにする仕事をまかされていた。安東氏と表記する場合もある。

モンゴル軍と戦う

13世紀に中国を征服したモンゴル帝国（元）*は、日本もしたがえようとして、二度にわたって九州に兵を送りました（蒙古襲来〈元寇〉）。同じ時期、サハリン（樺太）にも進出して、南部に住んでいたアイヌの人びとも戦いました。戦いは13世紀後半から14世紀はじめまでくり返し行われました。

14世紀のなかごろ、漢民族が元をほろぼして中国を統一し、明を建国しました。アイヌの人びとは、明にみつぎ物をおくって交易を行いました。

*モンゴル帝国：13世紀のはじめ、遊牧民のチンギス・ハンがモンゴルを統一してつくった帝国。その孫のフビライ・ハンの時代、都を大都（北京）に移し、国号を元にあらためた。

年代	北海道	本州
15世紀	アイヌ文化の時代	室町時代
16世紀		安土桃山時代
17世紀		江戸時代

和人と戦う（コシャマインの戦い）

15世紀になると、渡島半島に住む和人がふえ、和人の拠点として12の館が築かれました。そうしたなか、シノリの村（現在の函館市）で、アイヌの男性がマキリ（小刀）のでき具合をめぐって和人の鍛冶屋と言い争いになり、殺されるという事件が起こりました。この事件をきっかけに1457（康正3）年、渡島半島のアイヌの人びとがいっせいに立ち上がりました。コシャマインをリーダーとするアイヌ軍は、10の館をほろぼしましたが、花沢館（現在の上ノ国町）の蠣崎氏のもとにいた武田信広にしずめられました。

その後も戦いがくり返されましたが、16世紀のなかごろ、蠣崎氏がアイヌの人びとと話し合い、いったんは平和がおとずれました。

12の館があったところ。花沢館と茂別館は残った

渡島半島に松前藩ができる

16世紀の末、蠣崎氏は、渡島半島南部を統一して、松前氏を名乗ります。17世紀のはじめに江戸幕府ができると、松前氏は徳川家康からアイヌの人びととの交易の独占権をあたえられ、大名となって松前藩を建てました。松前藩は、和人が住む松前などの地域を「和人地」、アイヌの人びとが住む地域を「蝦夷地」とし、人びとの往来を制限しました。

そして、家臣たちに、決められた集落でアイヌの人びとと交易する権利をあたえ、その収入を家臣たちの給料としました。これにより、アイヌの人びとは交易の相手を松前藩に限定され、自由な交易ができなくなりました。さらに家臣たちは、米とサケの交換比率を自分たちに都合のいいように変えたのです。また、和人の砂金掘りや鷹待（鷹狩に使うタカを捕まえる人）が集落に入ってくるようになり、アイヌの人々は生活をおびやかされるようになりました。

第3章 アイヌ民族の歴史を知ろう

年代	北海道	本州
17世紀	アイヌ文化の時代	江戸時代
18世紀		

和人と戦う（シャクシャインの戦い）

　1669（寛文9）年、シベチャリ（現在の新ひだか町）の首長シャクシャインをリーダーとするアイヌの人びとがいっせいに立ち上がり、和人の商船や砂金掘り、鷹待を襲撃しました。はじめはアイヌ軍が優勢でしたが、幕府の援軍をえた松前藩がしだいに優位となり、その後、和解の席でシャクシャインがだまし討ちにあい、アイヌ軍は敗北しました。のちに、アイヌの人びとは武器を取り上げられ、松前藩に忠誠をちかわされました。

　18世紀になると、松前藩の家臣は、和人の商人に交易をまかせ、税金をとるようになりました。やがて、本州で綿花の肥料としてニシンの需要が高まると、商人はニシン漁などに力を入れ、アイヌの人びとを漁場にかりだすようになります。アイヌの人びとのなかには、わずかな賃金で強制的に働かされ、狩りや漁、交易など、本来の生活ができなくなる人が出てきました。

シャクシャインの像
写真提供：新ひだか町アイヌ協会

アイヌ民族最後の戦い（クナシリ・メナシの戦い）

　18世紀のなかごろ、和人の商人の活動範囲はクナシリ島やソウヤなどにもおよぶようになります。商人たちはもうけを優先するあまり、漁場の見はり役に圧力をかけ、言うことを聞かないアイヌの人びとに暴力をふるったり、おどしたりしていました。たまりかねたアイヌの若者が中心となり、1789（寛政元）年、クナ

● 戦いの行われた場所
■ 若者たちを説得した長老たちがいたコタン

年代	北海道	本州
18世紀	アイヌ文化の時代	江戸時代

シリ島とその対岸のメナシ地方（現在の標津町）で商人たちを殺害する事件が起こりました（クナシリ・メナシの戦い）。

クナシリ島の長老ツキノエたちは、戦いをおさめるため、若者たちを説得して松前藩と話し合いをしようとしました。しかし、松前藩は戦いの指導者たちを死刑にしてしまいました。この戦いが、和人からは外国として見られていた蝦夷地が日本の中に組み入れられるきっかけとなりました。

ツキノエ（写真提供：松浦史料博物館）

江戸幕府の直接支配がはじまる

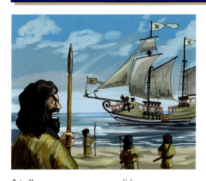

18世紀、ロシアの船がラッコの毛皮などをもとめて、千島列島を南下し、やがて蝦夷地周辺にあらわれるようになりました。1792（寛政4）年、ロシアの使節ラクスマンが、貿易をもとめて根室湾に来航しましたが、幕府は拒否しました。

拒否されたロシア人が、エトロフ島などを襲撃する事件も起こりました。

危機感をつのらせた幕府は、蝦夷地を直接支配することにしました。そして、欧米諸国に対して、蝦夷地が幕府の支配下にあることをしめすため、アイヌの人びとを和人化しようとしましたが、うまくいきませんでした。

❋❋ 人口が減少したアイヌの人びと ❋❋

和人の商人は、利益を上げるため、アイヌの人びとに食事も満足にあたえず、昼夜関係なく働かせました。さらに、それまでアイヌの社会にはなかった天然痘などの病気を持ちこんだので、たくさんの人が亡くなりました。19世紀のはじめには2万人以上いた北海道のアイヌ民族の人口は、約50年後には1万数千人に減少しました。

年代	北海道	本州
1868年	明治時代	明治時代
1869年		

明治政府による開拓が進む

　明治維新をへて成立した新政府は、1869（明治2）年、蝦夷地を日本の領土に組み入れ、「北海道」としました。そして、開拓使という役所をおき、一方的に決めた法律によってアイヌの人びとから土地を取り上げ、和人の資本家や商人に払い下げました。

　さらに、政府は戸籍をつくってアイヌの人びとを日本国民とし、名前を和人風に変えさせました。アイヌの伝統的な文化を捨てさせ、和人と同じような生活をさせようとしたのです。このような政策を「同化政策」といいます。一方で、アイヌの人びとを和人と区別するために「旧土人」とよぶことにしました。以後、アイヌの人びとは、いわれのない差別に苦しむことになります。

✾✾ 北海道の名づけ親・松浦武四郎 ✾✾

　松浦武四郎（1818～1888）は、伊勢国（三重県）出身の探検家です。1845年から6回にわたって蝦夷地を探検し、アイヌ語の地名を記録しながら、サハリン（樺太）やクナシリ島、エトロフ島にもわたりました。アイヌ語を覚え、アイヌの人びとからも信頼されていたといいます。『蝦夷漫画』などさまざまな本を書いて、アイヌの人びとの文化や生活を紹介しました。

　明治時代に、開拓使の役人となった武四郎は、アイヌの人びとを尊重するよう訴えましたが、聞き入れられなかったため辞職しました。また、武四郎が蝦夷地にかわる名称として、「北のアイヌ民族が暮らす広い大地」という思いをこめて、「北加伊（海）道」という名前を考えたといわれています（加伊がアイヌ民族をさす言葉だという証拠はありません）。

松浦武四郎

『蝦夷漫画』

写真提供：松浦武四郎記念館

年代	北海道	本州
1899年	明治時代	明治時代

北海道旧土人保護法が制定される

　大地が切り開かれ、鉄道や道路が整備されるにつれ、北海道に移住する和人の開拓民はふえていきました。一方で、アイヌの人びとは、仕事や生活の場をうばわれ、狩りや漁ができなくなり、食べるものにも困るようになりました。

　アイヌの人びとの困窮がひどくなると、政府は、1899（明治32）年、「北海道旧土人保護法」を制定して、農業に従事する者に土地をあたえることにしました。しかし、あたえられた土地は、農業に向かないやせた土地でした。そのため、開墾に失敗する者も多く、アイヌの人びとの生活は苦しいままでした。

✻✻ 同化政策って何？ ✻✻
～和人化させられた子どもたち～

　同化政策によって、アイヌの人びとはアイヌ語を使うことができなくなり、女性の入れ墨や男性の耳飾りといった風習も禁じられました。さらに、サケ漁やシカ猟、イオマンテも禁止され、森でチセ（家）づくりに必要な木を伐採することも、衣服の材料である樹皮をとることもできなくなりました。子どもたちは、政府がつくった「特設アイヌ学校」で日本語や和人風の生活習慣を身につけさせられました。

　こうして、アイヌの人びとは言葉や生活、習慣を変えられ、民族としてのほこりを傷つけられたのです。

第3章 アイヌ民族の歴史を知ろう

年代	北海道	本州
1912年	大正時代	大正時代
1923年		
1926年	昭和時代	昭和時代

民族の復権をもとめる運動が起こる

1910〜1920年代、大正デモクラシー（民主主義）の風潮が高まり、労働者たちが団結して生活の改善をもとめるようになりました。差別に苦しんできた人たちは、差別からの解放をめざす運動を起こしました。

北海道でも、アイヌ民族の復権をもとめる動きが高まりました。知里幸恵という少女が、カムイユカㇻ（神謡：神様の物語）をはじめて文字にして、それが1923（大正12）年に『アイヌ神謡集』として幸恵の死後に出版されました（39ページ）。違星北斗（39ページ）はアイヌ民族の思いを短歌につづり、幸恵の弟の真志保はアイヌ語を研究してアイヌ語とアイヌ文化の研究に大きな貢献をしました。

1930（昭和5）年には、北海道のアイヌ民族の組織である北海道アイヌ協会がつくられ、北海道旧土人保護法の改正と、アイヌ民族の生活の改善をうったえました。

『違星北斗遺稿 コタン』
写真提供：違星北斗研究会

知里真志保
写真提供：登別市教育委員会

❋❋ アイヌの物語を残した少女・知里幸恵 ❋❋

知里幸恵（写真提供：銀のしずく記念館）

知里幸恵（1903〜1922）は、現在の登別市に生まれました。祖母のモナシノウクから、先祖より伝わる話を聞いて育ちました。15歳のとき、言語学者の金田一京助（39ページ）と出会います。この出会いがきっかけとなり、自分たちに伝承されたことを文字にして後世に残す決心をしました。女子職業学校を卒業後、独学でローマ字を学んだ幸恵は、カムイユカㇻをローマ字で表記し、それを日本語に訳しました。19歳のときに上京すると、金田一の自宅に身を寄せながら『アイヌ神謡集』を完成させました。しかし、出版直前、心臓病のために亡くなりました。

差別や偏見に苦しむ

1937（昭和12）年、北海道旧土人保護法が改正され、特設アイヌ学校が廃止されました。これにより、和人との共学が実現しましたが、かえって子どもたちは、差別やいじめにさらされることになりました。第二次世界大戦中には、アイヌの人びとも日本国民として兵にとられ、戦場で多くの人が犠牲になりました。

戦後になっても、アイヌの人びとに対する差別や偏見がなくなることはありませんでした。戦後まもなく、アイヌの人びとが中心となって北海道アイヌ協会＊が設立され、社会的地位や生活の向上をめざしました。就職などで人口がふえた首都圏にも、アイヌ民族の組織がつくられました。

＊北海道アイヌ協会：戦前の北海道アイヌ協会とは別の組織で、1946（昭和21）年に設立。1961（昭和36）年に北海道ウタリ協会となり、2009（平成21）年に再び北海道アイヌ協会と名前を変えた。

アイヌ文化振興法と現在のアイヌの人びと

1984（昭和59）年、アイヌの人びとは、アイヌ民族の地位を確保するため、「アイヌ民族に関する法律（案）」をまとめ、政府や北海道にその制定を働きかけました。そうしたなか、1986（昭和61）年に当時の中曽根康弘首相が「日本は単一民族国家であり、差別を受けている少数民族はいない」などと発言したため、アイヌ民族の存在すら認めない政府に対して、アイヌの人びとは抗議の声をあげ、国内だけでなく国際社会にも、アイヌ民族がおかれている状況をうったえました。

そうした活動などにより、1997（平成9）年、約100年間続いた北海道旧土人保護法が廃止され、「アイヌ文化振興法」が制定されました。これは、アイヌ民族のほこりを尊重し、音楽や舞踊、文学などの文化を守り発展させるという法律です。また、2008（平成20）年に、「アイヌ民族を先住民族とすることを求める決議」が国会で採択されました。

2020年には、北海道白老町にあるポロト湖畔に、アイヌ文化の振興をめざす「国立アイヌ民族博物館」が、日本で5番目の国立博物館として開設される予定です。

年代	北海道	本州
1937年	昭和時代	昭和時代
1984年		
1989年	平成	平成
1997年		

アイヌ民族のことをもっと知りたい人へ

北海道にあるアイヌ民族の資料を展示するおもな施設

平取町立二風谷アイヌ文化博物館

館内には、重要有形民俗文化財「北海道二風谷及び周辺地域のアイヌ生活用具コレクション」をはじめ、沙流川流域のアイヌ文化を学ぶためのさまざまな展示品があります。

沙流郡平取町二風谷55
電　話：01457-2-2892
開館時間：午前9時～午後4時30分
休　館　日：11月16日～4月15日の月曜日と、12月16日～1月15日
入館料：大人400円、小・中学生150円
　　　　（団体割引、他施設との共通券あり）

http://www.town.biratori.hokkaido.jp/biratori/nibutani/

萱野茂二風谷アイヌ資料館

故・萱野茂氏は、アイヌ民族ではじめて日本の国会議員となった人です。この資料館には、萱野氏が集めた民具（日常生活で使う道具や器具）、チセなどが展示されています。

沙流郡平取町二風谷79-4
電　話：01457-2-3215
開館時間：午前9時～午後5時
休　館　日：なし（ただし、11月16日～4月15日は事前連絡が必要）
入館料：大人400円、小・中学生150円
　　　　（団体割引、他施設との共通券あり）

http://www.geocities.jp/kayano_museum/

サッポロピリカコタン（札幌市アイヌ文化交流センター）

伝統衣装や民具、チセなどを多数展示しています。展示品の多くは、実際に手に取って触れることができるほか、体験講座なども行われています。

札幌市南区小金湯27
電　話：011-596-5961
開館時間：午前8時45分～午後10時
　　　　　（展示室と庭園は午前9時～午後5時）
休　館　日：月曜日、祝日、毎月最終火曜日、12月29日～1月3日
入館料：展示室のみ大人200円、高校生100円、中学生以下無料（団体割引あり）

http://www.city.sapporo.jp/shimin/pirka-kotan/

北海道博物館

北海道の自然・歴史・文化を5つのテーマに分けて紹介しています。アイヌ民族や本州からの移住者の暮らしがわかる多くの資料を展示するほか、イベントも開催されています。

札幌市厚別区厚別町小野幌53-2
電　話：011-898-0466
開館時間：午前9時30分～午後5時（5～9月）、
　　　　　午前9時30分～午後4時30分（10～4月）
　　　　　※入館は閉館の30分前まで
休　館　日：月曜日（祝日・振替休日の場合は直後の平日）、12月29日～1月3日（その他、臨時休館日あり）
入館料：大人600円、大学生・高校生300円、中学生以下無料（団体割引あり、高校生は土曜日・こどもの日・文化の日は無料）

http://www.hm.pref.hokkaido.lg.jp/

北海道には、アイヌ民族の文化を知ることができる施設がたくさんあります。この本を読んで興味を持った人は、北海道をおとずれたときにこれらの施設をたずねてみるのもいいでしょう。ここでは、いくつかの施設を紹介します。

旭川市博物館

北海道やサハリン（樺太）のアイヌ文化を伝える民具のほか、動物のはく製なども展示しています。現代のアイヌの人びとが作った作品なども見ることができます。

旭川市神楽3条7（大雪クリスタルホール内）
電　　話：0166-69-2004
開館時間：午前9時～午後5時
　　　　　（入館は午後4時30分まで）
休 館 日：10～5月の第2・第4月曜日
　　　　　（祝日にあたる場合はその翌日）、
　　　　　12月30日～1月4日、施設点検日
入館料：大人300円、高校生200円、中学生以下無料（団体割引、他施設との共通券などあり）

http://www.city.asahikawa.hokkaido.jp/hakubutukan/

帯広百年記念館

十勝平野の歴史・自然・産業のほか、十勝川周辺のアイヌの人びとの暮らし、開拓の歴史などを伝えるたくさんの資料が展示されています。

帯広市緑ケ丘2
電　　話：0155-24-5352
開館時間：（常設展示室）午前9時～午後5時
　　　　　（入館は午後4時30分まで）
休 館 日：月曜日（祝日は開館）、
　　　　　祝日の翌日（土曜日・日曜日は開館）、
　　　　　12月29日～1月3日
入館料：大人380円、65歳以上と高校生190円、中学生以下無料（団体割引、他施設との共通券などあり）

http://www.octv.ne.jp/~hyakunen/

北海道以外にあるアイヌ民族の資料を展示するおもな施設

● **アイヌ文化交流センター**
東京都中央区八重洲2-4-13　ユニゾ八重洲二丁目ビル3階
電話：03-3245-9831
https://www.frpac.or.jp/web/overview/cultural_exchange/

● **国立民族学博物館**
大阪府吹田市千里万博公園10-1
電話：06-6876-2151
http://www.minpaku.ac.jp/

● **国立歴史民俗博物館**
千葉県佐倉市城内町117
電話：03-5777-8600（ハローダイヤル）
https://www.rekihaku.ac.jp/

● **松浦武四郎記念館**
三重県松阪市小野江町383
電話：0598-56-6847
https://takeshiro.net/

2020年、国立アイヌ民族博物館オープン（予定）

北海道白老町の「しらおいポロトコタン・アイヌ民族博物館」が、2018（平成30）年3月をもって閉館しました。新たに「国立アイヌ民族博物館」が、東京、奈良、京都、九州に次ぐ5番目の国立博物館として、2020年に開館します。アイヌ文化の創造と発展につながる空間として、入館者が体験・交流できる体験型の施設となる予定です。

※各データは2018年9月現在のものです。展示内容や開館状況など、くわしくは各施設まで直接お問い合わせください。

さくいん

あ行

- アイ（矢） 17,45
- アイウシ（とげつき文様） 15,44
- アイヌ語 8,9,34〜37,46
- アイヌ神謡集 38,39,58
- アイヌ文化振興法 59
- アイヌ民族に関する法律（案） 59
- アイヌモシリ（人間の世界） 10,26
- アイヌ文様 15,25,44
- アットゥシ（木の皮の衣服） 12,13
- アテルイ 51
- アペオイ（炉） 22,23,44
- アマッポ（仕掛け弓） 17
- 安藤氏 52
- 家の神 22
- イオマンテ（クマの霊送り） 26,27,29,41
- イオマンテリムセ（クマの霊送りの踊り） 41
- イカヨプ（矢筒） 17
- イクパスイ（お祈りの道具） 27
- イタ（盆） 25
- イタオマチプ（海用の舟） 25,30,31
- イトムンプヤラ（まん中の窓） 23
- イナウ（神がみへのおくりもの） 26,27
- 違星北斗 39,58
- IMERUAT 43
- イヨイキリ（宝物置き場） 22,23
- 入れ墨 29,57
- ウエペケレ（人間の物語） 38
- ウコカリプチュイ（投げ輪突き） 45
- ウコニアシ（陣取りゲーム） 44,45
- ウポポ（合唱） 40
- 蝦夷地 53,55,56
- 蝦夷錦 31
- 江戸幕府 55
- エミシ（蝦夷） 51
- エムシリムセ（剣の舞） 40,41
- OKI 43
- オッカヨル（男便所） 20
- オハウ（料理） 16,17
- オホーツク式土器 50
- オホーツク文化 50,51

か行

- 開拓使 56
- 蠣崎氏（松前氏） 53
- カチョ（太鼓） 42,43
- カパラミプ（木綿の衣服） 14
- カムイ（神） 10,16,26,27,32,38
- カムイモシリ（神がみの世界） 26,32
- カムイユカラ（神様の物語） 38,39,58
- 萱野茂 39,60
- 樺太 ➡サハリン
- 飢饉 19
- キセル 25
- キテ（もり） 17
- 脚はん 28
- 旧石器時代 48
- 旧土人 56
- 金田一京介 39,58
- ク（弓） 17,45
- クエシノッ（弓矢遊び） 44,45
- クチャ（狩猟小屋） 17
- クナシリ・メナシの戦い 54,55
- クリムセ（弓の舞） 40
- 結婚式 28
- 交易 30,31,52
- 口承文芸 38,39
- 黒曜石 49
- コシャマインの戦い 53
- コタン（村） 16,20,21,29

さ行

- 細石刃 48
- サッチェプ（干し魚） 17
- 擦文土器 51
- 擦文文化 51
- サハリン（樺太） 10,31,42,48,56

サヨ（粥） 18	チセ（家） 20〜24,29,52,57	ポンプヤㇻ（小さな窓） 22,23
サラニㇷ゚（背負いぶくろ) 25	チヂリ（木綿の衣服） 14	**ま行**
サロルンチカㇷ゚リムセ（ツルの舞） 41	チャランケ祭 41	マキリ（小刀） 17,53
山丹人 30,31	知里真志保 58	松浦武四郎 56
三内丸山遺跡 49	知里幸恵 38,39,58	松前藩 30,53〜55
シサム（和人） 50	チレクテトㇷ゚（笛） 45	MAREWREW 43
漆器 31	沈黙交易 31	マレㇰ（自在もり） 17
シッタㇷ゚（農具） 19	ツキノエ 55	ムックリ（口琴） 42,43
シャクシャインの戦い 54	テタラペ（草のせんいの衣服） 12	メノコイタ（まな板） 25
縄文文化 49,50	手甲 28	メノコマキリ（女性用の小刀） 28
縄文土器 49,50	同化政策 39,46,56,57	メノコル（女便所） 20
シリカㇷ゚カチュ（カジキ突き遊び） 44,45	トゥキ（お祈りの道具） 27	モセㇺ（土間） 22,23
シントコ（行器） 40	トゥナ（炉棚） 22	森竹竹市 39
陣羽織 31	特設アイヌ学校 57,59	モレウ（うず巻き文様） 15,44
征夷大将軍 51	トマ（ござ） 25	モンゴル帝国（元） 52
セイピラッカ（貝のげた） 45	トンコリ（弦楽器） 42,43	**や・ゆ・よ・ら行・わ**
セツ（寝床） 22	**な行**	ヤマト政権 51
先住民族 10	ニンカリ（耳飾り） 15	ユーカラ集 39
葬式 29	ヌササン（祭壇） 21,23	ユカㇻ（英雄の物語） 38,39
続縄文文化 50	**は行**	ユㇰケレ（シカの皮の靴） 13
た行	バチェラー八重子 39	ラクスマン 55
大正デモクラシー 58	花矢 27	ラタシケㇷ゚（煮物） 18
竪穴住居 49〜52	プ（食料倉庫） 19,20	リムセ（踊り） 40
たばこ 25,26	ヘペレセッ（子グマのおり） 21	ルイペ（料理） 19
タマサイ（首飾り） 15	ポクナモシㇼ（死後の世界） 29	ルウンペ（木綿の衣服） 14
タㇻ（背負い縄） 25	北海道アイヌ協会 58,59	レクトゥンペ（首飾り） 15
タリペ（タㇻの額にあてる部分） 25	北海道旧土人保護法 57〜59	レプニ（拍子をとる棒） 38
チェㇷ゚ケレ（サケの皮の靴） 13	ポナヤイ（赤ん坊） 32	ロルイソ（上座） 24
チカㇻカㇻペ（木綿の衣服） 14	墓標 29	ロルンプヤㇻ（神窓） 23,24
	ホリッパ（踊り） 40	和人 50

監修者紹介

中川 裕（なかがわ・ひろし）

千葉大学文学部教授。言語学者。アイヌ語研究者。1955年、神奈川県横浜市生まれ。1978年、東京大学文学部言語学科を卒業。専攻は、アイヌ語学、アイヌ文学、言語学。主な著書に『アイヌ語をフィールドワークする』（大修館書店）、『語り合うことばの力』（岩波書店）、『アイヌの物語世界』（平凡社）、『ニューエクスプレス アイヌ語』（白水社）など多数。『週刊ヤングジャンプ』（集英社）に連載中のマンガ『ゴールデンカムイ』（野田サトル著）のアイヌ語監修を務める。

- イラスト　　いとう みちろう
- 執筆協力　　遠藤 喜代子
- 協　　力　　佐藤 幸雄
　　　　　　　（公益社団法人北海道アイヌ協会）
　　　　　　　小野 哲也（標津町教育委員会）
- デザイン　　西野 真理子（株式会社ワード）
- ＤＴＰ　　　遠藤 智子（株式会社ワード）
　　　　　　　大橋 直文
- 編集協力　　澤野 誠人（株式会社ワード）

おもな参考資料

- 『アイヌ民族：歴史と現在』（小学生用・中学生用）（公益財団法人アイヌ文化振興・研究推進機構）
- 『アイヌ民族の歴史・文化等に関する指導資料』（第5集）（札幌市教育委員会）
- 『アイヌ文化の基礎知識』アイヌ民族博物館 監修、児島 恭子 増補・改訂版監修（草風館）
- サンエイムック時空旅人別冊『今こそ知りたいアイヌ』（三栄書房）
- 『アイヌ民族の歴史』関口 明・田端 宏・桑原 真人・瀧澤 正 編（山川出版社）
- 『いま学ぶ アイヌ民族の歴史』加藤 博文・若園 雄志郎 編（山川出版社）
- 『アイヌの歴史 日本の先住民族を理解するための160話』平山 裕人 著（明石書店）
- 『北海道の歴史60話』木村 尚俊ほか 編（三省堂）
- 『知っていますか？ アイヌ民族一問一答 新版』上村 英明 著（解放出版社）
- 『アイヌ語をフィールドワークする』中川 裕 著（大修館書店）
- 『アイヌ歳時記 二風谷のくらしと心』萱野 茂 著（平凡社新書）
- 『アイヌ・暮らしの民具』萱野 茂 文、清水 武男 写真（クレオ）
- 別冊太陽 太陽の地図帖028『アイヌの世界を旅する』北原 次郎太 監修（平凡社）
- 『日本の先住民族アイヌを知ろう！』（1・2）知里 むつみ 著（汐文社）
- 日本各地の伝統的なくらし7『北国・アイヌの伝統的なくらし』萱野 茂 監修、須藤 功 著（小峰書店）
- 『アイヌ生活文化再現マニュアル』（公益財団法人アイヌ民族文化財団）
- 公益財団法人アイヌ民族文化財団ウェブサイト
- 平取町立二風谷アイヌ文化博物館ウェブサイト

アイヌ文化の大研究
歴史、暮らし、言葉を知ろう

2018年12月20日　第1版第1刷発行

監修者　中川　裕
発行者　後藤淳一
発行所　株式会社PHP研究所
　　　　東京本部　〒135-8137　江東区豊洲5-6-52
　　　　　　　　　児童書出版部　TEL 03-3520-9635（編集）
　　　　　　　　　普及部　TEL 03-3520-9630（販売）
　　　　京都本部　〒601-8411　京都市南区西九条北ノ内町11
　　　　　　　　　PHP INTERFACE　https://www.php.co.jp/
印刷所　共同印刷株式会社
製本所　東京美術紙工協業組合

©PHP Institute, Inc. 2018 Printed in Japan　ISBN978-4-569-78827-2

※本書の無断複製（コピー・スキャン・デジタル化等）は著作権法で認められた場合を除き、禁じられています。また、本書を代行業者等に依頼してスキャンやデジタル化することは、いかなる場合でも認められておりません。

※落丁・乱丁本の場合は弊社制作管理部（☎03-3520-9626）へご連絡下さい。送料弊社負担にてお取り替えいたします。

63P　29cm　NDC389